노을에 숨겨진 이야기

노을에 숨겨진 이야기

초판 1쇄 발행 2025년 10월 24일

지은이 한영원
펴낸이 장현수
펴낸곳 메이킹북스
출판등록 제 2019-000010호

디자인 홍규선
편집 홍규선
교정 안지은
마케팅 김소형

주소 서울특별시 구로구 경인로 661, 핀포인트타워 912-914호
전화 02-2135-5086
팩스 02-2135-5087
이메일 making_books@naver.com
홈페이지 www.makingbooks.co.kr

ISBN 979-11-6791-778-2(03810)
값 14,000원

ⓒ 한영원 2025 Printed in Korea

잘못된 책은 구입하신 곳에서 바꾸어 드립니다.
이 책의 전부 또는 일부 내용을 재사용하려면 사전에 저작권자와 펴낸곳의 동의를 받아야 합니다.

이 책은 순천시 도서관 운영과 〈2025년 시민원고 출판비 지원사업〉의 일부 지원으로 제작하였습니다.

메이킹북스는 저자님의 소중한 투고 원고를 기다립니다.
출간에 대한 관심이 있으신 분은 making_books@naver.com으로 보내 주세요.

노을에 숨겨진 이야기

한영원 시집

메이킹북스

〈서시〉
겨울, 그리고 봄 사이

겨울의 차가운 바람
하얀 눈이 세상을 덮고

고요한 밤하늘 아래
별빛이 반짝이며 속삭인다.

반짝임에 녹아 가는 소리
새싹이 꿈틀거리고

따스한 햇살이 비추면
겨울의 기억은 서서히 녹아내려

봄 향기 속에 피어나는
새로운 희망이 싹을 틔운다.

2025년 10월 10일
"鶴田 한영원"

· 차 례 ·

<서시> 겨울, 그리고 봄 사이 ················· 5

제1부 가벼운 고백

호수의 그림자 ·················	14
출렁다리 ·················	16
택배 아저씨 ·················	18
나눔 1 ·················	20
배려 ·················	22
나눔 2 ·················	23
나눔 3 ·················	24
섬김 1 ·················	26
섬김 2 ·················	28
섬김 3 ·················	29
여백 ·················	30
가벼운 고백 ·················	32
겨울 바다 ·················	34
어싱(earthing) 길 ·················	36
습관 ·················	38
도전 ·················	39
봄눈 ·················	40

제2부 꼰대 짓

님은 먼 곳에	44
단꿈	45
너울	46
순천만 갈대밭	48
꼰대 짓	50
아침	52
초승달	53
빌딩 숲	54
홍시	55
일기장	56
노을	58
철새	60
봄빛	61
골목길	62
가을날	64

제3부 봄의 길목

먼 훗날 ··· 68
봄의 길목 ··· 70
그때는 몰랐습니다 ································· 72
오는 봄 ··· 74
행복했던 그 시절 ····································· 75
추억 ··· 78
그 사람 ··· 81
그리움 ··· 83
친구야! ··· 85
봄비 ··· 88
흔적 ··· 91
당신 1 ··· 93
봄의 연가 ··· 95

제4부 슬픈 추억

할미꽃 ································· 100
마지막 버스 ··························· 102
슬픈 추억 ······························ 104
겨울비 ·································· 106
짝사랑 1 ······························· 108
연민 ····································· 109
벚꽃 추억 ······························ 110
봄 1 ····································· 112
꽃바람 향기(香氣) ················· 113
가을 ····································· 114
고추잠자리 ···························· 116
보고 싶은 사람아! ················· 118
봄 2 ····································· 120
인생 ····································· 121
독서 ····································· 122

제5부 터미널

터미널	126
봄 3	128
거울	130
봄 마중	131
홍매화	132
동백꽃 1	134
청보리	136
인연 & 필연	138
커피 한 잔	139
산사의 가을	140
벚꽃	142
선운사 봄	144
고백	146
아픔	147

제6부 산수유 막걸리

- 재래시장 ········· 150
- 산수유 막걸리 ········· 152
- 작별 ········· 154
- 만추(晚秋) ········· 156
- 겸손 ········· 158
- 막걸리 ········· 159
- 겨울 ········· 160
- 짝사랑 2 ········· 162
- 동백꽃 2 ········· 164
- 꿈 ········· 166
- 당신 2 ········· 167
- 봉사자 ········· 168
- 겨울 연가 ········· 170
- 침묵 ········· 172
- 개구리 ········· 174

제1부 가벼운 고백

- 호수의 그림자
- 출렁다리
- 택배 아저씨
- 나눔 1
- 배려
- 나눔 2
- 나눔 3
- 섬김 1
- 섬김 2
- 섬김 3
- 여백
- 가벼운 고백
- 겨울 바다
- 어싱(earthing) 길
- 습관
- 도전
- 봄눈

호수의 그림자

조용한 호수 위
달빛이 춤을 추고
바람의 속삭임
물결에 스며들어
별들도 유람 나와 밤을 즐기네

나무는 물속에 눕고
시간이 멈춘 듯
고요한 순간
자연의 숨결이
우리를 감싸네

어둠 속에
피어난 빛의 향연
그림자 속에
감춰진 이야기들
호수는 우리의 마음을 비추네

출렁다리

석양에 붉게 물든 치마 두른
너의 모습 보니

바람에 흔들리는 추억
찰랑이는 물결 위로 퍼져가네

하늘과 땅이 만나는 곳
노을 속에 숨겨진 이야기

발걸음마다 새겨진 꿈
출렁다리 위에서 느끼는 자유

택배 아저씨

택배 아저씨 바쁜 발걸음
손에 쥔 소중한 짐
웃음으로 나누는 인사.

문앞에 놓인
작은 기쁨
하루의 피로를 잊게 해.

비 오는 날, 찬 바람 속에도,
변함없는 모습,
신뢰는 하늘까지 높아만 가고.

물건을 받아 들고 지은 고마운 미소,
택배 아저씨 당신의 수고에
작은 선물이 되어주네.

작은 행복이
하루 내내
구름처럼 피어나네.

나눔 1

나눔의 손길은 작아도
겨울철 장작 난로처럼
서로에게 따뜻한 사랑이 된다.

한 조각의 빵에도 온기가
짧은 말에도 치유가
작은 배려에 행복이 담겨

어둠을 몰아내고
희망이 기운을 얻어
새로운 세상을 만드네

나눔은 세상을 데우고
환하게 밝히는
미래 희망의 요람이어라.

배려

작은 손길로 건네는 미소
서로를 감싸는 따뜻함
전해지는 온기.

어둠 속 빛이 되어
마음으로 느끼는 그 순간
작은 행동이 큰 힘이 돼.

상처 입은 마음을 보듬어주고
서로 아픔을 이해하는
고맙고 고운 힘이 된다.

함께하는 삶은
말이 없어도 진심이 전해져
아름다운 무늬로 곱게 빛난다.

나눔 2

세상에 이런 일이 있을까?
쪼개고 나누면 줄어들어야 할 것을
포도처럼 도리어 송이송이 늘어난다.

무슨 원리가 이런 게 있을까?
하나를 둘로 나누면 반이 되거늘
도리어 셋이 되고 넷이 된다.

웃음을 나눴더니, 웃음꽃 만발하고
따뜻함 나눴더니 행복의 꽃밭이 된다.
나눔은 추운 겨울도 포근한 봄이다.

나눔 3

보잘것없는 작은 콩알이
소망이라곤 없어 보이는
칠흑 땅속으로 들어가면 둘이 된다.

나뉜 조각마저 산산이 부서져
자기가 사라질 때까지
온전하게 철저히 버린다.

나를 버리고 콩나무 되어
수백 배 열매 맺는 것
죽음과 버림의 신비.

그 가치가 두부로 두유로
힘과 발전이 되는 것처럼
흩어지는 것이 아니라 세상을 디자인한다.

묘하고 신기함이 여기에 있나니
나눌수록 커지는 마음
나눠 가질수록 더 커지는 희망

나눔은 우리 마음에서
희망은 우리의 시간에서
요술은 작은 손길에서 기적이 된다.

섬김 1

섬김이란
내가 작아지는 것
남의 자리에 서 보는 것

나보다 남이 더 따뜻해지는 것
행동은 작더라도 울림이 있는 것
사랑과 마음을 나누는 것.

나를 낮춰 남을 높이는 것
나만이 아닌 같이 행복해지는 것
나눔이 도리어 커지는 역설

모두가 즐겁고
모두가 행복을 느끼고 누리는 것.

섬김 2

남을 향한 조그마한 빛
여리고 가냘프지만
닿기만 하면 힘이 되네.

차가운 마음에 온기가 돌고
상처 입은 사람들이 힘을 얻고
희망의 꽃이 지천으로 피어나네.

내 것에서 우리의 것으로
작은 것에서 누룩처럼 커지는
신비로움을 잉태하고 있는 섬김.

나를 줄이는데도 커지고
내 것을 나누는데도 불어나는
이상한 기적이 내 안에 있네.

섬김 3

한 걸음 더 나아가 손을 내민다.
한 번 더 숙여 낮춘다.
작은 움직임이 의미가 된다.

먹구름 달아나고
어둠이 흩어지고
희망이 꿈틀거리는

희생이 꿈이 되고
나눔이 온기가 되고
세상이 희망이 된다.

나눔의 매력
나눔의 생명력
나눔은 존재와 존재를 만들어준다.

여백

마음이 쉼을 얻고
숨겨진 이야기들이 흐르고
말 없어도 울림이 있는
조용히 나를 찾아가는 길.

가벼운 고백

네 미소 내 가슴에 스며들어
일렁이는 마음
미풍에도 떨리는 잎처럼

가슴이 느껴지고
눈빛만으로 충분한
알 수 없는 감정이 자란다.

작은 말들이 온기가 되고
관심이 마음을 이어주어
지워지지 않는 고운 이야기를 쓴다.

겨울 바다

푸른 바다는
보석을 품어 반짝이네.

햇살을 품은 가슴에는
조개들의 속삭임이 일렁이고

쉼도 없는 파도는
그리운 추억을 실어 나르고

추억들은 가슴을 파고들어
향기처럼 마음을 홀리네.

어싱(earthing) 길

부드러운 흙길, 발끝에 전해지는
자연의 숨결 온몸을 타고 오른다.

차가운 이슬, 아침의 신선함,
땅의 온기, 내 몸을 녹이네.

발바닥으로 느끼는 대지의 힘
삶의 리듬 고요히 흐르네.

나무의 그늘 바람의 노래
자연과 하나 영혼이 편안해.

자연이 내가 되고
내가 자연이 되는 하나의 삶.

습관

매일 아침
같은 시간 일어나
차가운 공기 속,
나를 깨우는 빛,
반복되는 길,
익숙한 발자국,
작은 습관,
삶을 영글게 하는
고운 햇빛.

도전

높은 산을 바라보며 마음을 다잡고
두려움을 넘어서 한 걸음 내딛네
새로운 길은 언제나 기대와 설렘
저기 보이는 고운 무지개.

봄눈

하얀 눈꽃 봄바람에 가슴 풀어 놓고
어둠조차 밀어내느라 용을 쓰네.
내 마음도 봄바람 따라 풀리네.

새들도 봄인 줄 알아 왈츠 노래를
눈들도 노래 따라 가슴을 풀어 놓고
씨앗들에게 용기와 희망을 심어주네.

겨울을 견뎌온 푸른 잔디들의 재잘거림
작은 꽃봉오리들의 수줍음
세상은 봄 향기로 가득하네.

새로운 시작과 기대
설렘으로 풍성해진 세상에서
삶도 다시 태어나네.

제2부 꼰대 짓

- 님은 먼 곳에
- 단꿈
- 너울
- 순천만 갈대밭
- 꼰대 짓
- 아침
- 초승달
- 빌딩 숲
- 홍시
- 일기장
- 노을
- 철새
- 봄빛
- 골목길
- 가을날

님은 먼 곳에

하늘은 높고 푸르기만 한데
그리움은 회색빛으로 물들고,

갈 곳 잃은 마음은
허공을 떠돈다.

포근한 목소리는 더 멀어져만 가고
기다림만 덩그러니 남아 있네.

단꿈

하얀 눈 녹아내리면
가슴에도
따스한 바람이 불어온다.

꽃망울 터질 그날을
설레는 마음으로
손꼽아 기다리는 건

햇살이 스며드는 오후
그대와 함께
꿈을 꿀 수 있기 때문이다.

너울

파도에 실려 오는
바람의 속삭임.

가슴 깊이 감춰진
그리움이 일렁인다.

마음의 바다 위에서는
너와 나의 기억이 춤을 춘다.

순천만 갈대밭

바람에 흔들리는 갈대들
황금빛 물결 속에 담긴 이야기
내 마음에서 생명이 된다.

해 질 무렵 붉게 물든 하늘
갈대 사이로 파고든 고운 빛
내 가슴에 예쁜 시를 쓴다.

제2부 꼰대 짓

꼰대 짓

오래된 경험을 내세워
젊은이들의 목소리를 덮고,
상대 꿈을 이해하지 못하는 고집.

"그 나이엔 이랬지"라며
자랑하는 모습
소통은 꼰대 뒤로 숨는다.

시대 변화에 눈을 감고
고리타분한 잣대만 가지고
세대 간 틈만 더 벌려놓는 말.

얻은 지혜 나누고
서로 이야기에 귀 기울이며
성장을 향한 희망에 눈길을 보낼 때.
눈 녹듯 사라지리.

아침

밤새 쉬지 않고
달려온 여명이
창가를 살며시 넘어 들고

잠에서 덜 깬 눈으로
부르는 새들의 노래가
어슴푸레한 새벽을 걷어낸다.

커피잔 위로 피어나는 향기는
산뜻한 공기를 가로지르며
해맑은 하루를 조심스럽게 열어 준다.

싱그럽게 쏟아지는 햇살,
사람들의 발걸음에 힘을 보태고
내 삶에는 행복한 꿈들로 가득 채워진다.

초승달

은은히 떠오르는 초승달
작고 희미한 빛으로도
밤을 지배하는 힘을 지녔다.

구름 사이에서 숨바꼭질하며
고운 추억들 꺼내주고
친구처럼 마음속 깊은 이야기 들려준다.

보름달을 향한 내일을 품고
어두울수록 꿈이 자라나는 시간
밤이 다하도록 희망이 꿈틀댄다.

빌딩 숲

넓고 푸른 하늘을 가리는 거인들
햇빛을 온몸으로 받아 찬란하지만
그 속에 숨겨진 고독이 느껴진다.

그래도 인파 속에서 스치는 얼굴
각자의 꿈을 안고 걷는 발걸음 보면
삭막한 숲에도 삶이 숨 쉬고 있다.

홍시

가을 햇살에
붉게 익어가면서
달콤한 향기까지 품는다.

한 입 베어 물면
사방으로 퍼지는 향
고향을 눈앞으로 부른다.

자연이 주는 선물.
가을이 보여주는 고향
향기만으로 넉넉해진다.

일기장

하루의 시작과 끝
희망과 설렘이 자라고 사라지는
생긴 그대로 모습.

기억의 조각들이 분주히 새겨지고
슬픔과 기쁨이 짝을 이루고
과거와 현재, 시간을 뛰어넘는다.

바람에 날리는 종이처럼
가끔은 가볍게 잊히지만
다시 펼쳐보면 삶의 굵은 흔적.

내 마음의 거울,
부끄러움이 묻어나는 감정
그래도 언제나 허물없는 내 친구.

세월이 빚어낸
희로애락의 소중한 이야기
내 삶의 마지막까지 함께할 너.

제2부 꼰대 짓

노을

하루의 끝이 아쉬웠는지
하늘은 붉은빛으로 물들었다.

부드러운 바람이 얼굴을 스치고
자연의 숨결이 나를 감싸 안으니

구름 사이로 스며드는 햇살은
마음속 깊은 곳까지 평화를 몰고 온다.

기울어가는 태양의 여운에는
모든 순간이 소중히 담겨 있어

옅어지는 노을 속에서
꿈실대는 내일의 꿈을 읽는다.

철새

푸른 하늘을 가르는 웅장한 몸짓
계절이 보이는 미래를 따라
고향을 찾아가는 긴 여정
두 날개에 가득 얹은 내일
꿈과 희망이 하늘을 날아간다.

봄빛

나뭇가지 사이로
여유를 안고 드나드는 햇살은
부지런히 생명을 키운다.

푸른 잔디 위에 앉아 바라보면
꽃들이 웃어 젖히는 풍경
자연의 향연이 마음을 들썩인다.

바람에 실려 온 사랑은
소소한 일상의 여유가 되고
시간조차 머물러 행복을 누린다.

여유와 행복이
엮어내는 봄빛,
향기와 희망을 키워낸다.

골목길

좁고, 아늑한 길
돌담이 진을 치고
틈마다 추억이 숨을 쉰다.

시간의 조용한 속삭임
골목 저 언저리까지 쉬지 않고
도란도란 이어진다.

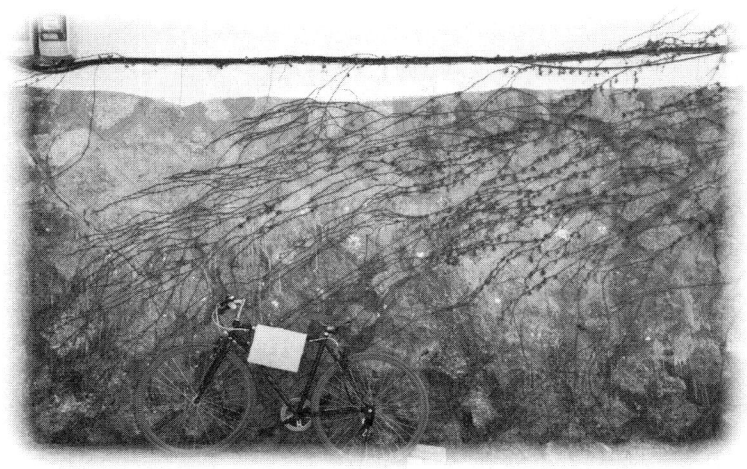

가을날

노란 잎들이 살랑살랑 춤을 추고
차가운 공기가 재롱을 떨며
또 다른 계절 이야기를 시작한다.

서늘한 햇살이 길게 드러눕고
가을 향기가 코끝을 스치면
추억의 조각들 하나둘 떠오른다.

바삭한 낙엽 밟으며 걷는 길
밟히는 소중한 순간들이
마음속에서 따뜻함으로 피어난다.

구름이 낮게 깔린 하늘 아래
차분한 마음으로 세상을 바라보며
가을 색깔로 내 마음을 물들인다.

그리움과 사색이 교차하는 시간
계절에 물들어가는 나를 발견하고
또 다른 이야기를 써 내려간다.

제3부 봄의 길목

- 먼 훗날
- 봄의 길목
- 그때는 몰랐습니다
- 오는 봄
- 행복했던 그 시절
- 추억
- 그 사람
- 그리움
- 친구야!
- 봄비
- 흔적
- 당신 1
- 봄의 연가

먼 훗날

가슴 깊이 남아
시간 흐름 속에
희미한 빛으로 반짝이며
지날수록 지워지지 않는

언제든지
다시 살아나는 순간들
영화 속 주인공처럼
눈앞에 그려지는 고운 모습

어두운 밤하늘에
떠오르는 별처럼
가슴에 새겨진
사랑의 흔적.

이제는 멀리서
희미하게 손짓하는
추억의 향기, 자랑하고픈
지난날 주저했던 이야기

시간이 지나도
잊히지 않는 그리움
영원히 함께할
소중한 내 친구.

봄의 길목

봄이 오는 길목에서
들리는 속삭임
부드러운 손길로
내 마음 감싸고
새싹을 태운다.

봄이 오는 길목에서
어둠 뚫고 나오는
햇살의 약속
젖은 땅 위에 피어나는
생명의 노래

봄이 오는 길목에서
그리움과 희망이
서로 부둥켜안고
화음을 이뤄
환한 세상을 그려낸다.

그때는 몰랐습니다

그때는 몰랐습니다.
시간은 흐르고 지나도
어둠 속 빛처럼
언제든지
순간순간 떠올라

하늘에 흩날리는
바람에 실려 온 목소리
사랑했던 그날들
꿈속에서
잊을 수 없어

어린 시절의 꿈들
별빛 아래 소곤대던
우리의 비밀
그때 추억들이
지금도 꿈틀대고

그리움의 한 조각

추억 속에 머물러
마음의 보석처럼
지금까지 남아 있어
소중한 시간, 시간들.

끝없이 펼쳐진
추억의 길을 따라
다시 만날 그날을
손꼽아 기다리며
지워지지 않을 일이여.

오는 봄

봄비, 봄비 행운을 주네
그 물방울 속에 담긴
희망의 노래가 들려와
내 마음 적신다.

봄비, 봄비 세상을 깨우네
모든 것을 부드럽게 감싸
어둠 속에 숨겨진 빛이
다시 새어 나온다.

봄비, 봄비 금세 봄은 온단다
나뭇잎 위에 고인 빗방울들이
그 소리에 귀 기울이며
자연의 숨결을 느낀다.

봄비, 봄비 내 안에 흐르네
새싹이 돋아난 이 순간
삶의 기적도 내 안에서
다시 싹을 틔운다.

행복했던 그 시절

아련히 떠오르는 그 옛날
세월이 모질게 덮으려 해도
빛을 잃지 않고
반짝반짝 빛나는
소중한 시간.

시간이 흘러도
변하지 않은 그 미소
어쩌면 잊힐까 두려워
매일 꺼내 보는
사진 속 너의 모습

언제든지 다시
기억되는
드라마 속
주인공처럼
그때의 감정이 살아나

그때 우리는

어떤 꿈을 꾸었을까?
소중한 대화의 웃음
잊지 못할
장면들

그때
추억을
소중한 사람들과 나누며
새로운 이야기를 만들어가고
우리의 시간은 계속 흐른다.

추억

어두운 밤하늘의 별처럼
가슴속 깊이 남아
쉬지 않고 반짝인다.

웃음이 반짝이고,
눈물도 반짝이고
그리움에 젖어 드는 지금
반짝임은 은하를 이룬다.

언제든지 다시
꺼낼 수 있고,
바람에 실려 온 향기처럼
코언저리에서 맴돌지만
눈을 뜨면 사라지고 없네

연극 속
주인공처럼
언제든지 내 마음에서 뛰놀고
기억을 헤집고 뛰어나와

인연까지 만들어낸다.

너와 나 함께 한순간들
그리움도 내 마음속
소중한 보물이 되어
영원히 간직하고 싶은
내 마음의 노래.

그 사람

그 사람
보이지 않지만
내 마음속에 살아
언제나 함께하고 있다.

더듬어 보면 그 온기가
여전히 느껴지고
그리움은
내 마음에 강물처럼 흐른다.

그대가 떠난 자리
빈자리만 남아
허전한 밤 뒤척이며
그대 미소가 나를 아프게 해

아픈 기억 속에
영원히 머물며
보고 싶은 사람아
내 마음의 별이 되어 줘

이 밤
보고 싶은 마음에
밤이 다 하도록
하늘만 쳐다본다.

그리움

지금은 보이지 않는 그대여
내 마음속에 깊이 새겨져
깜박 잠이라도 들면
그대의 미소가 꿈속으로 찾아옵니다.

눈 감으면 그대 목소리
내 귀에 속삭이는 듯해
아름다운 순간들이
내 마음을 따뜻하게 감싸네.

손을 내밀어도 닿지 않은 그대
어디에 있나요. 그리운 사람아
우리의 사랑도
흘러가는 강물처럼 멀어져 가지만

그대의 기억은 내 가슴속에 남아
허전한 밤 홀로 뒤척이며
그대를 그리워해요
사랑한 사람아 영원히.

이제는 멀리 있지만
영원히 잊지 않을게요.
보고 싶은 그대여!
사랑하는 그대여! 언제까지나.

친구야!

내가 네게서 멀어져도
내 마음속에 늘 살아 있어
깜박 잠이 들어도
너에 대한 미소가
내 곁에 함께 있어

내 마음 깊은 곳에 남아
어디에 있는지
그리운 친구야
흘러가는 강물처럼
내 마음에 스며들어

그대로 떠나버린다면
잊지 못할 친구야
네가 없다는 것은
너와 내가 살아갈 이유가 없어
날마다 그리워서

별빛 아래 너를 생각하며

내 마음은 너를 향해 흐르고
사랑의 노래를 부르듯
우리의 우정은
영원히 내 곁에

기다림 속에 너의 이름을 불러
나의 사랑, 나의 그리움.
이 밤도 너를 생각하며
조용히 나의 마음을 전해
보고 싶은 나의 친구야!

봄비

봄비 속을 걸으며
아직 살아 있음을 확인한다.
봄비는 가늘게
내리지만
한없이 깊이 적신다.

봄비 속을 걷다 보니
내 마음 갈증 사라지고
작은 새들은 노래를 불러
생명의 기운을 불어넣는다.
이 순간 모든 것이 새롭다.

봄비 맞으며
메마른 땅 생명을 얻고
모든 것이 다시 태어나고
희망의 싹이 돋아나는
이 아름다운 시간.

추적추적 내리는 비를 따라

기억의 조각들이 흘러내리고
지나간 날 고운 사연
내 마음 여정 속에서
잠자던 감정이 새싹처럼 솟아난다.

흔적

빛바랜 사진처럼
가슴속 깊이 남아
시간이 멈춘 듯
그날의 웃음소리
여전히 귓가에 맴돈다.

희미한 기억 속에
너와 나의 발자국
가슴에 새겨진
추억의 흔적
바람이 불어도 날아가지 않으리.

하염없이 떠오르는
지난날이
소설 속 주인공처럼
안 보이면서 보일 듯
눈 감으면 더 선명해진다.

그때 우리는

세상의 중심 같았고
그 순간
모든 것이 완벽해 보였던
지금도 생각하면 가슴이 뛰네.

추억은 소중해
누구나 붙잡고 자랑하고 싶다.
다시 만날 날을 기다리며
마음속에 담아두고
영원히 간직하리라.

당신 1

우리 사랑
아직 남아 있는데
점점 멀어져 가요.
그 아픔 가득해
나만 홀로 울고 있어요.

당신 멀리 있어도
모습 훤히 보이고
남은 그리움
닳아지지 않아
나만 홀로 울고 있어요.

바람 속에 그대 숨결 있고
시간 속에
기억이 담겨 있고
내 주위에 당신 미소가 있어
나만 홀로 울고 있어요.

남은 사랑
간격을 줄이고
그리움 자라게 도와서
그대,
내 눈물 닦아주오.

봄의 연가

이쁜 꽃들의 속삭임
조용히 내리는 봄비
세상의 모든 소음을 감싸고
눈을 감으면 들려오는
자연의 선율, 그리움의 멜로디

봄비와 나
발아래 젖은 땅을 느끼며
내 마음도 함께 젖는다.
이 순간 나는 존재한다.
봄비 속에 스며드는 나의 꿈

봄비가 불러오는
어린 시절의 추억
빗방울마다 새겨진 시간
소중한 순간을 감싸 안으며
봄비는 나를 부른다.

봄의 끝에서
하늘이 맑아지고 빛이 돌아오면
봄이 남긴 흔적은
새싹이 되어 필 것이다.
생명의 시작, 봄의 약속

제4부 슬픈 추억

- 할미꽃
- 마지막 버스
- 슬픈 추억
- 겨울비
- 짝사랑 1
- 연민
- 벚꽃 추억
- 봄 1
- 꽃바람 향기(香氣)
- 가을
- 고추잠자리
- 보고 싶은 사람아!
- 봄 2
- 인생
- 독서

할미꽃

봄이 오니 할미꽃도
세상 나들이에 나섰네.

뽀송뽀송 솜털 옷 두르고
허리는 꼬부라졌네.

겨울 눈보라 이겨내느라
그렇게 힘들었나 보다.

마지막 버스

저녁노을 물들고
한없이 길어진 그림자
하루 끝을 알리네.

버스 정류장에 외로움
차가운 바람이 스쳐
기다림은 길어만 가고

불빛 아래 사람들
각자 이야기를 담고
서로 눈길을 피하네.

마지막 버스 도착하니
사람들은 삶을 가득 짊어지고
복잡한 차 속으로 오른다.

사람은 적은데
삶의 무게까지 실어서일까?
버스도 피곤해 보인다.

슬픈 추억

바람에 실려 오는 그 목소리
잊힌 시간 속에 남아 있네.

희미한 사진 속 미소들
아련한 기억이 가슴을 저미네.

시간이 흐를수록
지나간 날들이 그리워져

손끝에 남은 온기
자꾸 가슴으로 파고드네.

추억은 슬픔에 노래
부를수록 가슴을 적시네.

겨울비

차가운 빗방울이 떨어져
흙내음과 함께 스며들고
어두운 하늘이 나를 보듬네.

길 위엔 고요한 발자국
그 위로 지나가는 바람,
잠자던 추억을 깨운다.

겨울비 속에 잃어버린
온기와 사랑을 찾고 싶어
마음의 창가에 고요히 서네.

짝사랑 1

짧은 시선에 내 가슴 떨려
나를 사로잡았네.

말 못하는 내 가슴에
그리움 가득

매일 꿈속에서 만나
슬픈 사랑만 하네.

연민

어둠 속에서 빛나는
상처 입은 영혼을 보네.

부드러운 시선으로
아픔을 나누는 그 순간

희망의 불씨는 살아나
서로를 감싸 안은 따스함

눈빛 속에 담긴 이야기
슬픔과 기쁨이 공존하는 곳

동정의 힘으로
우리는 함께 걸어가리.

벚꽃 추억

봄바람에 날아드는 연분홍
하늘과 거리를 물들여
지난날 추억을 불러들이네.

살랑이는 꽃잎 속에 담긴
사랑과 이별 이야기들
짜릿하고 가슴 아픈 사연

벚꽃이 만들어낸
웃음과 눈물 자국, 그리고 얼굴
바람에 실려 다시 올까.

벚꽃은 매년 다시 피어나
추억을 끄집어내는데
그대 모습은 볼 수 없구려.

봄 1

차가운 겨울을 뒤로하고
새싹이 움트는 소리 전해
따스한 햇볕이 빛을 비추고
생명의 시작을 알리는 그대.

아름다운 꽃송이는
온 세상에 퍼지는 향기
희망의 메시지가
모든 마음에 봄을 심어

새들의 노래가 들려오고
푸르른 잎사귀가 춤추네
봄을 맞은 당신의 모습
자연의 소중함을 깨닫게 해.

꽃바람 향기(香氣)

살랑이는 바람에 실려
꽃잎들이 춤을 추고
향기가 마음을 감싸네.

봄의 속삭임을 담아
기억 속에 피어나는
사랑의 여운을 전하네.

가을

작은 찻잔에 담긴
붉은 단풍잎
가을을 속삭인다.

부드러운 차향은
모락모락 피어나는 김을 따라
추억을 피워 오르고

도란도란 피어난
아름다운 이야기
마음마저 따뜻해진다.

고추잠자리

한가로운 들판에
잠자리의 가벼운 비행
바람보다 가벼운 가녀린 날갯짓에도
가을을 익힌다.

금빛 햇살 아래
높이 나는 꿈
반짝이면서
파란 하늘을 색칠한다.

차가운 바람에
잠시 멈췄다가 다시
아름답고 끝없는 자유로운 날개
가을을 수확한다.

보고 싶은 사람아!

보고 싶은 사람아, 그리운 마음에
밤하늘 별빛처럼 너를 그리네
시간이 멈춘 듯 너의 웃음소리
눈 감아도 눈 떠도 생각만 나던 날

꿈속에서라도, 너를 만나고 싶어
따스한 손길로 내 마음을 어루만지고
마음엔 언제나 따뜻한 정이 흘러
모든 아픔 잊고 행복할 것 같아.

봄 2

차가운 겨울을 지나,
따스한 햇볕이 비추고
새싹이 고개를 내밀며
희망의 노래를 부른다.

부드러운 봄비가 내려
대지를 적시며,
꽃들은 얼굴을 내밀고
향기로운 세상을 물들이네.

마음속 깊은 곳에서
새로운 시작의 기운
눈부신 색채로 가득해
삶의 리듬이 살아난다.

비 오는 소리 가득한
창가에 앉아 바라보며
조용한 행복을 느끼고
봄의 문턱에 서 있다.

인생

인생은 흐르는 강물처럼
고요하다가 순간 파도 일고
파도 속에서 꿈을 꾸고
희망의 섬을 바라보는…

독서

책장을 넘기며 나 자신을 마주해,
글자 속에 숨겨진 진실을 찾아,
고요한 마음속에 질문이 떠오른다.

독서란 내면의 대화,
잃어버린 나를 찾는 여정,
페이지마다 새로운 세계가 열려.

고독 속에 피어나는 사색,
타인의 삶을 통해 나를 들여다보며,
내가 누구인지에 대한 해답을 구한다.

기억의 조각들이 모여,
한 권의 책처럼 나를 구성하고
독백은 또 다른 나와의 대화.

이런 순간 나는 비로소 자유로워,
책과 함께하는 독백 속에서,
나의 이야기를 다시 써 내려간다.

제5부 터미널

- 터미널
- 봄 3
- 거울
- 봄 마중
- 홍매화
- 동백꽃 1
- 청보리
- 인연 & 필연
- 커피 한 잔
- 산사의 가을
- 벚꽃
- 선운사 봄
- 고백
- 아픔

터미널

바쁜 발걸음
저마다 삶을 부둥켜안고
바람 빠진 튜브처럼
굽고, 푹 꺼져 내려앉았다.

자동차들은 걸음을 재촉하고
데워지지 않은 차가운 공기는
가슴까지 파고들어
차갑게 한다.

만남과 이별이 버무려지고
시간이 지나도
잊히지 않은 그리움은
분주한 틈에서도 더욱 또렷해진다.

봄 3

차가운 바람 속에 숨겨진
봄의 소식 살며시 다가온다.

새싹이 터지고 꽃망울 피어나
희망의 색깔로 세상을 물들이네.

따뜻한 햇볕 눈부심에
들려오는 새소리와 함께

우리 손주의
해맑은 웃음소리에

아름다운 꽃송이는
지천으로 피어나겠다.

거울

거울 속에 비친 나를 보며
세월의 흐름을 읽는다.
주름진 얼굴

빛바랜 사진처럼
닳고 닳아 어색한 빛을 띠고
추억조차 희미해진다.

평생 가꾸고 부리고
소모하느라 부끄러움도 많지만
그래도 소박한 미소를 짓고 있다.

봄 마중

얼어붙은 땅 위에
겨울은 도망가고

아직도 칼바람에 흩날리는
꽃샘추위 심술을 부리지만

속살 내놓은 꽃봉오리,
희망의 색깔로 물든 꽃들

마음속 깊은 곳에
들려오는 봄의 소리에

지금이 어느 철이냐?
아직도 봄은 멀었는데

추위도 모르고
얼굴을 내밀다니

홍매화

붉은 꽃잎 바람에 시달려도
겨울 끝자락 밀어내는 고운 향기
차가운 마음마저 녹인다.

눈 아래 숨죽여 참고 기다려
붉게 희망을
피우고 싶어서 물들여

고요한 밤하늘 별빛 속에
홍매화의 꿈 은은히 빛나
봄날을 기다려 꽃피우려 하네

어릴 적 그 향기 그리워
굳은 감정 다시 흘린다.
시간이 흘러도 변치 않은 지조

소중한 순간 영원히 간직해
홍매화처럼
봄을 부르는 삶.

동백꽃 1

붉은 꽃잎 고운 자태
차가운 바람에 흔들리네

겨울의 끝자락 아쉬움
하나씩 떨어지는 그리움

서러운 기억 잊지 못해
땅에 스며드는 사랑의 흔적

다시 피어날 날을 기다리며
조용히 지는 꽃에 희망이 담겨

또 다른 시작
동백꽃 다시 꿈을 꾸고 있다.

청보리

바람에 흔들리는 청보리
여기가 바다인가?
파도치는 넓은 물결

물결처럼 밀려드는
어린 시절 아름다운 추억들
미숙이도, 길동이도 넘실댄다.

추억의 그리움은
바람 따라 다가오더니
금세, 저 멀리 달아나는구려

인연 & 필연

서로 눈빛 교차할 때
운명이란 질문이 스치고
우연 속에 숨은 필연
여기서 시작된 우리의 이야기

한 걸음 두 걸음 나아가며
서로의 마음을 알아가고
인연의 실타래 엮어가며
운명을 열어가는

우리가 만난 이유는?
각자의 길이 교차하는 순간
인연이 필연으로 변할 때
서로의 삶에 의미를 더해가네.

커피 한 잔

따뜻한 향기, 커피 한 잔
부드러운 입안의 감촉
하루의 시작 알리는

혼자 또는 함께 나누는
작은 대화가 피어오르고
소중한 일상이 되살아난다.

산사의 가을

잎이 물들은, 산사의 가을
차가운 바람이 스치며
고요한 시간 속에 잠기네

노란 은행잎이 떨어져
흙으로 돌아가는 순간
자연의 품에 안긴 듯

조용한 기도 소리가 퍼지고
촉촉한 이슬이 맺혀
마음에 축복이 찾아오네

떨어진 낙엽 소리의 향연에
절의 고요함은
가을의 색채가 물씬 풍겨

한 걸음씩 걷는 길 위에
사랑과 소망을 담아
산사의 가을을 노래하네

벚꽃

봄날 햇살 아래
벚꽃이 만개하네
하얀 꽃잎이 흩날리며
함박웃음 지었네

바람에 실려 오는
봄 냄새 물씬 풍긴
향기 속에
새로운 시작을 노래하네

푸르른 하늘 아래
벚꽃과 함께 걸으며
분홍빛 봄바람 속으로
사라진 꽃잎들

제5부 터미널

선운사 봄

동백꽃 만개한
고요한 사찰에 봄이 깃들어
향기로운 바람 불어오네.

600년 된 소나무 그늘
자연과 어우러진 나무들
대나무 오순도순 살아가는 이야기.

스님 목탁 소리와 함께
죽순 움트는 소리가
선운사는 새 생명으로 가득하다.

제5부 터미널

고백

눈으로만 주고받던 말들
느낌으로만 오고 간 언어들

감춰두고, 함부로 꺼낼 수 없어
고이 곱게 감싸둔 말들

까만 밤이 와서
붉은 얼굴이라도 덮어주면

언젠가는
꼭 하고 싶은 말

망설이며 힘겹게 꺼낸 말
인생을 함께 걷고 싶어요.

아픔

삶의 한 조각,
우리의 가슴을 깊게 새기네.

눈물 속에 숨겨진 의미,
그 속에서 우리는 성장하네.

어둠 속에서 피어나는 빛,
상처가 나를 더욱, 강하게 하네.

슬픔의 바다를 건너가,
희망의 섬에 닿을 수 있기를.

아픔이 준 교훈을 안고,
더 넓은 세상으로 나아가네.

그것이 진정한 삶의 시작이네.

제6부 산수유 막걸리

- 재래시장
- 산수유 막걸리
- 작별
- 만추(晩秋)
- 겸손
- 막걸리
- 겨울
- 짝사랑 2
- 동백꽃 2
- 꿈
- 당신 2
- 봉사자
- 겨울 연가
- 침묵
- 개구리

재래시장

국밥집 향기 보들보들 묻어나고
뜨끈한 국물 속엔
고운 정이 팔팔 익고 있다.

시끌벅적한 시장 풍경 속
뚝배기엔 서민들의 삶이 보글보글
숟갈엔 따뜻한 추억들이 바쁘다.

정갈한 고기들과 어우러지는 애환
밥으로 버무리니
허기진 마음이 도톰해진다.

사람들 웃음소리
정겨운 대화 오가는 곳
소소한 행복이 넘치는 자리

국밥이 담아내는 삶의 이야기
다음 장날에도
행복으로 가득 차 넘치겠다.

산수유 막걸리

산수유꽃이 피어나던 날
황금빛 막걸리 한 잔에
달콤한 향기 채워지고
친구와 나눈 소중한 시간
웃음꽃도 따라 피어난다.

산수유 맛은 우정을 입고
목으로 타고 들고
고된 하루 피로까지 잊으며
행복 한 줌도 막걸리 따라
가슴으로 내려간다.

저녁노을 물든 하늘
막걸리 잔 비워질수록
따뜻한 정은 차고 넘쳐
우리는 우정의 역사를 쓰면서
저녁을 맞는다.

작별

그리 다정한 눈빛이
어떤 일로
푸르고 시리도록 달라지더니
물든 내 가슴에 흠집만 내고 달아난다.

짧은 시간이 만든
애틋하고 짜릿함은
빛바랜 사진처럼
초라하게 퇴색되고

만남이 낳은
그리움과 따뜻함은 아직 은은한데
그대 모습은 겨울 철새처럼
푸른 하늘을 날아가네.

만추(晩秋)

가을의 끝자락 잎은 떨어지고
찬 바람 불어와 마음을 쓸쓸하게
은행나무 아래 추억이 노랗게 물들고
흩날리는 낙엽 속에 숨겨진 이야기
시간은 멈춘 듯 그리움 깊어져

햇살은 부드럽고 따스하지만
차가운 공기에 스치는 외로움
이별의 여운처럼 남아 있는 풍경
가슴속에 아른거리는 예전의 날들
추억의 조각들로 채워진 마음의 창

이제는 끝을 알리며 다가오는 겨울
모든 것이 잠잠해지는 고요한 시간
만추의 아름다움은 여전히
그리움 속에 빛나는 단풍처럼
우리의 마음에 깊이 새겨지리라.

겸손

가슴 깊은 곳에서 여리게 나는 소리
높은 곳에 있더라도 낮은 곳을 향하는
작은 것에 감사하는

나를 잃고 남을 얻은 것
나보다 남을 낫게 여기는
나의 한계를 인정하는 것

다른 이의 목소리에 귀 기울임
세상을 따뜻하게 하는 난로
강자가 가지는 여유

나만이 아닌 모두의 성장
나만이 아니 우리
지는 것 같지만 진정한 이김.

막걸리

막걸리 한잔할까요?
달콤한 향기가
서로 마음에 스며든다.

흰 거품 위로
소박한 이야기들이 피어나고
고된 하루의 피로
기운 잔 따라 목을 타고 흘러 들어가네.

한 모금 여유 속에
어릴 적 추억들이 살아 움직이고
알코올로 포장된 추억엔
행복이 켜켜이 쌓여간다.

막걸리 한잔할까요?
서로 마음을 이해하며
작은 잔 속에 담긴 진심
우리 삶에 의미가 그려진다.

겨울

겨울은 바람 속에 숨어오고
하얀 눈도 바람 속에 몸을 싣는다.
바람은 감정도 담아 온다.

서리 낀 창가에도 바람이 거들고
따뜻한 차 한잔의 향기도
바람 타고 추억을 만든다.

아이들 웃음소리 가득
눈싸움과 눈사람 기쁨
순간순간 겨울의 자비 느껴져

길가의 나무들 고개 숙여
차가운 겨울 품에 안기고
자연이 주는 조용한 위로

겨울 오는 소리 세상이 잠잠
새하얀 세상에 푹 빠져
마음속 따뜻함을 남기네.

짝사랑 2

.
.
.
.

느껴진 아픔, 가슴에 묻어두고
너의 웃음 하루를 채워
멀리서 가슴만 뛰고 있네.

제6부 산수유 막걸리

동백꽃 2

바람에 흩날리는 꽃잎
그리움 그림자만 떨치네

차가운 눈비에 젖어 들고
한 송이 아쉬움 가득해

봄을 기다리고 있지만
고요한 시간 속에 잠들어

새로운 시작을 꿈꾸며
다시 피어날 날을 기다리네.

꿈

때로는 넘어지고 상처받아
좌절의 순간 찾아와도
포기하지 않는 그 마음이
새로운 길 열어 줄 테니
미친 듯이 꿈을 좇아가리

모든 이의 찬란한 미래는
불확실한 길 위에서 피어나
마음의 소리를 따라가며
자신을 믿고 나아간다면
드디어 꿈 현실이 되리.

당신 2

매일매일 너를 생각하며 웃고
작은 일에도 행복을 느끼고
서로 곁에서 힘이 되어주며
너의 존재는
내 삶의 존재 이유.

봉사자

가진 것 없어도
마음 하나 가지고
스스로 찾아 나서는
마른 대지에 단비 같은

발이 없어도
알아서 다가가는
만나면 사랑과 행복이 움트는

어둠은 밀어내고
밝음을 부르는 태양처럼
세상의 절망 걷어내는 놀라움

기대 없이 기대되어주는
그저 나누는 기쁨으로
세상의 아픔 덜어내는
작은 행동 희망의 사람.

겨울 연가

겨울바람 차가워
눈꽃이 흩날리는 거리
스산함이 몰려들어
회색의 도시를 덧칠한다.

겨울도 온기가 필요한 걸까?
따스한 추억이 가슴을 덥히고
너와 나의 사랑이
가슴으로 파고든다.

하얀 세상 너를 그려
서로의 손 꼭 잡고
시간이 멈춘 듯한 순간
영원히 함께하길 원해

그리움 속에
사랑의 불꽃 타오르며
추운 줄도 모르게
눈 내리는 밤 너를 생각해

침묵

소리 없는 밤이 깊어가고,
눈물은 말없이 흐르네,
마음의 무게는 더해지며,

과거의 기억이 스쳐 가고,
상처는 아물지 않은 채,
그리움만 가득 쌓여가.

말할 수 없는 마음의 소리,
고요한 마음 담아두고,
내 안의 이야기를 꺼내네

이제는 침묵 속에서
진정한 나를 찾고 싶어
고요한 시간에 나를 맡겨.

개구리

밤하늘 연못가 별빛 아래,
개구리들이 모여 춤을 추네
청아한 웃음소리가 퍼져 나가.

물결에 실려 온 그 소리,
어둠 속에 밝은 빛을 더해
자연의 하모니로 마음이 설렌다.

풀잎 사이로 스며드는 달빛,
작은 생명들 축제가 열려,
그 소리에 덩실덩실 춤을 춘다.